Hôpital Câlin
Nom : Miaou
Profession : docteur
10
20
30
40
50
60

Hôpital Câlin
Nom : Ouaf
Profession : ambulancier

Édition : Marion de Rouvray
Traduction-adaptation : Christophe Le Masne
Fabrication : Marie Guibert

Première édition publiée à Londres par Orchard Book en 2008,
sous le titre de Whoops-a-Daisy World, Chief Rhino to the Rescue

Loi n° 49-956 du 16 juillet 1949 sur les publications destinées à la jeunesse

Dépôt légal : janvier 2011
Photogravure : Turquoise
Imprimé en Espagne par Edelvives
N° d'édition : M11020
ISBN : 978 2 7404 2832 0 - MDS : 60427

Hôpital Câlin

Docteur Miaou
URGENCE !

Sam Lloyd

MANGO JEUNESSE

« Quel temps merveilleux, aujourd'hui ! se dit Ouaf le Chien, qui nettoie avec ardeur l'hôpital Câlin. Quel plaisir de travailler avec ce soleil ! » Car ici, tout doit être parfaitement propre, jusque dans les moindres recoins... Même le gyrophare de l'ambulance doit être étincelant !

Dans l'hôpital, le docteur Miaou

n'arrête pas de courir !

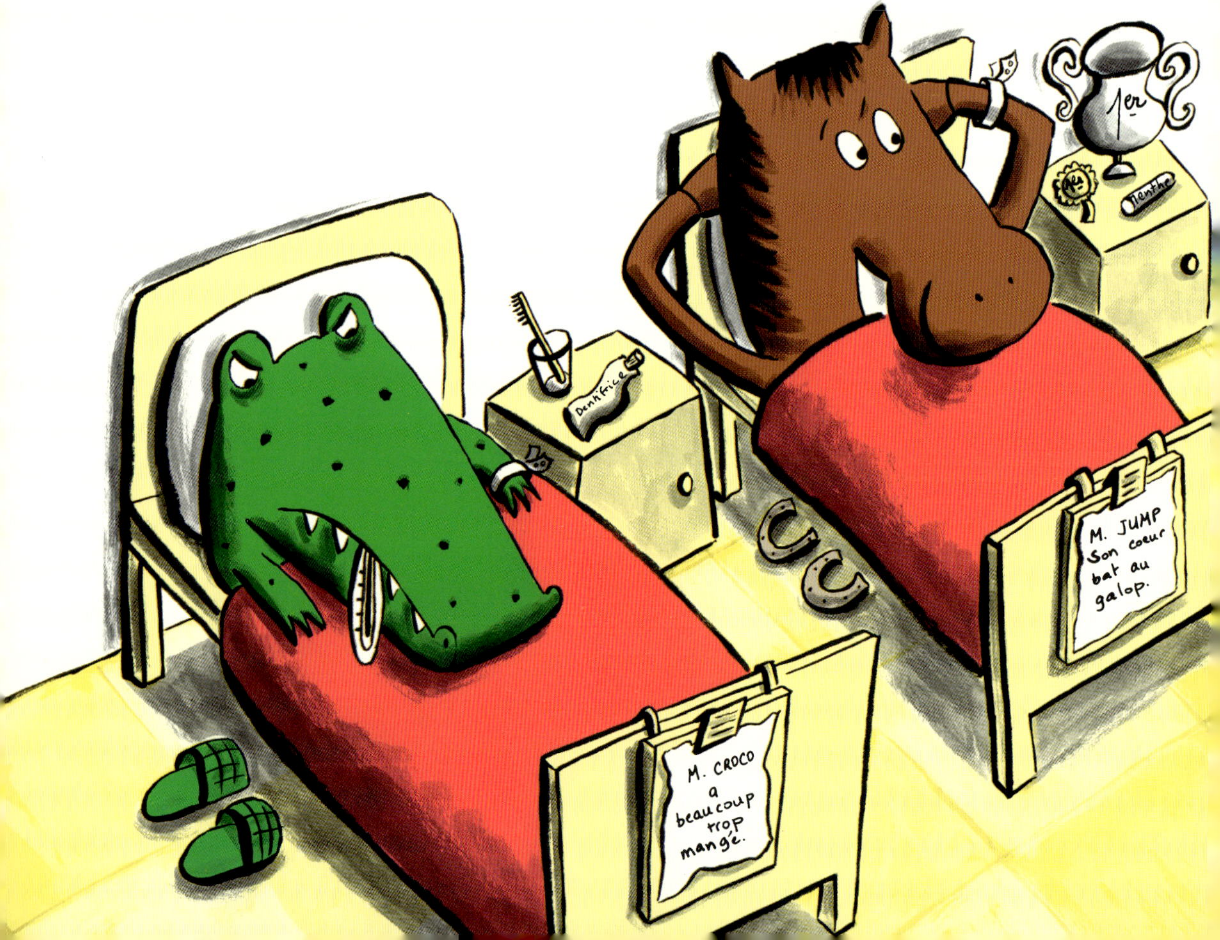

Il faut prendre la température du crocodile, vérifier les battements de cœur du cheval, nourrir les bébés lapins, surveiller le singe qui ne fait que des bêtises ! Et voilà le téléphone qui sonne, maintenant !

Allô, hôpital Câlin, j'écoute !

« Miaaaaou ! C'est Tom le Chat ! Je suis tombé du pommier, j'ai très mal !
– Ne bouge pas, j'arrive ! » répond aussitôt le docteur Miaou.

« On a une urgence, il faut partir tout de suite !
Vite, prends le volant ! crie le docteur Miaou à Ouaf le Chien.
Tu finiras plus tard ! »

Dans tout le quartier, on entend l'ambulance !

Pin-pon ! Pin-pon !

À gauche ! À droite ! Tout droit, fonce ! ordonne le docteur Miaou.

« Aïe, aïe, aïe, j’ai mal à la jambe ! pleurniche Tom.
– Comment es-tu tombé ? demande le docteur.
– Ben… je jouais avec l’oiseau et…
– Tu voulais encore lui faire peur !
– Mais je ne voulais pas l’attraper,
c’était juste pour m’amuser !
– En attendant, je dois faire
une radio de ta jambe ! »

« Je ne veux pas aller
à l'hôpital, geint Tom le Chat.
– Ne t'inquiète pas, tout va bien
se passer ! lui répond le docteur Miaou. Quand on
découvre l'hôpital Câlin, on ne veut plus jamais repartir !
– N'exagérons rien... » murmure Ouaf le Chien.

Ouaf est le meilleur conducteur d'ambulance
de l'hôpital. Il va vite, mais reste très attentif ! Pin-pon !

Hôpital

Sur la radiographie, on voit bien la fracture.
« Tu as la jambe cassée, annonce le docteur Miaou
à Tom. Je vais devoir te mettre un plâtre,
mais tu ne sentiras rien.

Quelle idée aussi de s’amuser à faire peur aux oiseaux !
– Je regrette, je suis un idiot ! » soupire Tom.

« À présent, les oiseaux auront peur de moi
et je ne pourrai plus jouer avec eux !
Avec qui je vais m'amuser, maintenant ? »

toc toc

On frappe à la porte !
« De la visite pour toi, Tom le Chat ! »

TOM

TOM
Jambe
cassée

C’est l’oiseau !

« Oh, excuse-moi, petit oiseau !

J’ai voulu te faire peur alors que tu es mon ami ! Tu es toujours mon ami ?

– Mais bien sûr, répond l’oiseau.

C’est pour cela que je t’apporte des fleurs !

– Tu es si gentil… » soupire Tom.

« Tu veux signer sur mon plâtre ? demande Tom.

– Avec plaisir, répond l'oiseau.

– Tu peux me lire ce que
tu écris ?
– C’est une surprise ! »
répond l’oiseau.

Pour
Tom le Chat
PAR AVION
Tom le Chat
Jolie-Ville
... Rendez-vous
tout là-haut,
dans les nuages.

Cher Tom le Chat,
Avant de me faire peur,
fais-toi pousser des ailes !
Bon rétablissement,
Je t'attends avec impatience
pour jouer avec toi !
Amicalement,
ton oiseau préféré...